AF569886

SV

Band 1536 der Bibliothek Suhrkamp

Peter Handke

Zwiegespräch

Suhrkamp

Dieses Buch wurde klimaneutral produziert.

Erste Auflage 2022

Umschlaggestaltung: Willy Fleckhaus
Satz: Satz-Offizin Hümmer GmbH, Waldbüttelbrunn
Druck: Pustet, Regensburg
Printed in Germany
ISBN 978-3-518-22536-3

www.suhrkamp.de

Zwiegespräch

für Otto Sander und Bruno Ganz

Genug jetzt ins Leere geschaut.

Von Leere keine Rede. Oder doch. Nur hat die sich in der Zwischenzeit bevölkert. Will sagen: hat sich belebt. Die Bevölkerung läßt freilich noch auf sich warten. Aber, was wird das, jetzt und jetzt, dann für ein Auftrieb und Auftritt sein? Solch eine Bevölkerung, solch eine Szene hat die Welt – will sagen: habe ich – noch nie und nirgends gesehen. Im übrigen hast auch du all die Zeit ins Leere geäugt, bis auf die paar Male, wo du ins Äugeln geraten bist. Einmal hast du gar gezwinkert, als ob du da jemand Unsichtbarem zuzwinkertest. Spezieller Narr vor seinem speziellen Narrenkasten.

Wahr gesagt, alter Freund: Zwei besondere Narren sind wir, ein jeder auf seine Weise. Du, der sich einen noch keinmal erträumten Volksauflauf erwartet, und ich, der im Tagtraum seinen Vorfahren, um nicht zu sagen Ahnen, zuzwinkert, will sagen, den heutigen Tagtraum betreffend, einem einzelnen, dem einzigen mir im Leben begegneten Ahn, meinem Großvater.

Aber ist der denn nicht lange schon tot?

Ja, und?

Wieder wahr. Und recht so: Auf, spielen wir weiter die Narren.

Ja, spielen wir. Ahoi. La Paloma.

Doch erst einmal erzähle ich. Achtung, Erzählung. Ein wenig Geduld fürs Erzählen, bittschön. Und dann Geduld durch das Erzählen! Daß ich mir, schon von klein auf, von einer menschenleeren Szenerie etwas wie ein zauberisches Sichbevölkern erwartete, das kam so: Als Kinder waren wir damals, wenigstens einmal im Jahr, Theaterzuschauer. Das gehörte zur Schulzeit, und in der Regel fanden die Aufführungen in der Schule selber statt, im Turnsaal oder wo auch immer, und die Akteure gehörten zu einer das Land von Dorf zu Dorf durchstreifenden Wandertruppe. Ob mit oder ohne Rampe, mit oder ohne Vorhang, war es jedesmal, als schauten wir auf zu dem Spielgeschehen und als werde mit diesem ein Vorhang aufgezogen. Das war uns Kindern, gleich welche Geschichte sich da gleich wie abspielte, schon genug Aufregung. Eine andere Aufregung freilich – und darum erzähle ich jetzt davon – wurde es dann für mich, und zwar für mich Kind allein, nicht mehr, so kam's mir zumindest vor, Teil der Kinder, sondern für mich in der Einzahl, bei dem vielleicht einzigen schulorganisierten Besuch in der Stadt, in dem zum Theaterspiel offiziell bestimmten

Bau und Anwesen. Und meine andere, die erwartungsvolle und bis heute unerfüllte Aufregung, kam nicht vom Agieren der Schauspieler, sondern allein vom Dekor. Gespielt wurde ein Kinderstück, und das Dekor, die ganze Geschichte lang dasselbe, war ein typisches Dekor des Kindertheaters, des damaligen. Die Geschichte habe ich vergessen, nicht freilich das Dekor. Ich sehe, habe es jetzt vor mir, dadort im Leeren. Es war das, es ist das ein Haus im Hintergrund der Bühne, und in meiner Vorstellung habe ich Kind vom Anfang bis zum Ende der Spielzeit darauf gewartet, daß die Haustür dort aufgeht und ein Mensch, und zwar ein einmaliger, noch keinmal mir vor Augen gekommener, heraustritt zu mir, nein, zu uns Zuschauern. Nur ist die Tür die Geschichte lang zugeblieben. Dabei war das Haus, samt Tür und Fenstern, gar mehreren, für mich ein echtes Haus. Es wirkte, es wirkt bewohnt, samt Licht in den Fenstern, einem seltsam stillen, in allen Fenstern dem gleichen. Erwartung eines Schattens, endlich, dahinter. Aber solch ein Menschenschatten, ein einzelner, der ist damals ausgeblieben, und er zeigt sich auch im Augenblick nicht. Bloß ist das jetzt kein Schattenspiel, das ich in den Fenstern dort hinten erwarte, und schon gar kein vereinzeltes. Und trotzdem erwarte ich, und wie! Erwarte, daß an dem Theaterhaus dort, dem alten, dem längst verjährten Gerümpel dort hinten sämtliche Türen und Fenster aufspringen und – und – und –

– daß es ernst wird?

– Ja, endlich ernst. Neuerdings ernst. Und trotzdem – ah, wieder trotzdem, du liebes »trotzdem« – ein Spiel, ein ernstes Spiel, das Ernste Spiel. Kein ernsterer Ernst als im ernsten Spiel, allen Ernstes, ernstester allen Ernstes, spielerischster allen Ernstes, spielfreudigster. Und woher weiß ich das? Ich wittere es!

So spielen wir weiter. Brennend heißer Wüstensand.

Ja, Spielfeld frei!

Mein Großvater war eine Spielernatur. Aber das Großvaterspiel war, so kommt mir das jetzt, im nachhinein, vielleicht zum ersten Mal, Auge in Auge mit ihm, vor, nicht das seine. Wohl hat er sich dazu, willig, einspannen lassen, hat, sogar belustigt, mitgespielt. Wohl war er als Mitspieler immer ganz da, zugleich aber bloße Marionette. Er hat sich mit uns, der Familie, den Enkeln, jeweils auf Knopfdruck mitgedreht, und jetzt lese ich von seinem Gesicht, seinen Augen es ab: Sein Dreh war von Grund auf ein anderer. Sein Hauptspiel war ein grundverschiedenes. Mein Großvater, er hat sich anders gedreht als in all den überkommenen Großvaterbildern, und nicht bloß anders – in die diametrale Gegenrichtung – und nicht bloß die eine –, in mehrere

Gegenrichtungen – welche auch immer. Im Hinblick auf ihn ist mir das Großvaterspiel im Lauf der Jahre fragwürdig geworden. Und das auch im Guten. Denn an solchem Spiel ist nichts zu durchschauen, zu zerlegen, zu analysieren, oder gar abzuschaffen. Mein Ahnenkult ist ein Urspiel, ein urwüchsiges. Das Idealisieren der Ahnen ist Teil der Materie – ist Sache. Mich zu dieser Sache zu befragen, im Bezug auch zu anderen »Enkeln«, im eigenen Land wie in anderen Ländern, in meiner Generation oder in einer späteren, läßt mich, im Relativieren und eben In-Beziehung-Setzen, da und dort, dann und wann, etwas wie ein paar Grundzüge eines, im übrigen, es sei denn, Friedrich Schiller kehrte zurück, wohl unverfaßbaren Dramas erahnen.

Erahnen? Ahn-Erahnen?

Keine Wortspiele! Ja, erahnen, nicht mehr, und nicht weniger. Anflüge! Sich anfliegen lassen. Und weil ich dir gerade mit einem Namen gekommen bin, so fahre ich gleich noch mit einem zweiten auf: Victor Hugo. Eins seiner Alterswerke ist eine Gedichtsammlung mit dem Titel »L'art d'être grand-père«, Die Kunst, Großvater zu sein. Die Helden dieser Gedichte sind seine beiden kleinwinzigen, noch kaum sprechen könnenden, mehr bloß so vor sich hin stammelnden Enkelkinder. Für den Dichter sind diese Kinder nicht bloß unschuldig, sondern sie gehören einer göttlichen Welt an. Sie machen eine seit jeher sich erneuernde ewige Schöpfung hör- wie auch sichtbar, und wenn ich recht gelesen habe, kommt dem Victor Hugo bei seinen Preisliedern auf diese seine Nachkömmlinge auch nicht ein einziges Mal der Gedanke an deren Vergänglichkeit in die Quere. So anders übrigens als später dann Rainer Maria Rilke, welchem in Anschauung solch eines Kindes – wohl nicht seines – der Ausruf, für sich allein schon ein Gedicht, in den Sinn kam: »Ein Kind, ach, ein vergängliches.«

Dritter Name!

Und für heute der letzte. Es geht mir nur darum, hier spüren zu lassen, daß der große Victor Hugo, und nicht allein mit dem Titel seiner Gedichtsuite, der, dann doch schade, vom Lesen eher abhält, neben und hinter seinem gepriesenen Enkelpaar sich selber als den Mit-Helden aufspielt, und zwar ganz und gar nicht als »Großvater«, vielmehr als »Victor Hugo, Politiker«, der, vielleicht auch zu Recht, nicht wenige seiner Kindergötterpoeme dazu benutzt, wenn nicht mißbraucht, die Schlechtigkeit seiner Epoche und da zuvorderst seines Erzfeinds vorzuführen, des an den Kindern doch so offenbaren Gottestraum verfinsternden und verschachernden Macht-Klerus des französischen neunzehnten Jahrhunderts.

Wie das? Kritisierst du da Monsieur Victor Hugo? Du in der Rolle eines Kritikers? Hast du denn nichts anderes zu tun?

Keine Sorge. War nicht kritisch gemeint. Nichts als ein kleines Beiseite im Lauf der Begebenheiten, wo, wenn vielleicht etwas klar, es ganz anders klar werden soll als gerade. Wird nicht wieder vorkommen. Bel pacific!

Das stille Haus damals, dort hinten auf der Theaterbühne in dem Kinderstück, ist mir im Lauf der Jahre dann immer wieder begegnet, wenn auch in keinem Theater, weder einem Stadt- noch einem Landes-, geschweige denn einem Burgtheater.

Wirklich keinmal? Nirgends? Dabei warst du doch seinerzeit ein begeisterter Theaterbesucher. Ins Kino bist du zwar auch gegangen, oft täglich, gar zweimal am Tag. Aber sich auf den Weg in ein Theater zu machen, das war etwas anderes. Sogar die Freilichtbühnen, damals im Sommer, waren Teil deiner Theaterexpeditionen, kreuz und quer durch unser sommerliches Land. Und nicht einmal auf solch einer Freilichtbühne

– eigentlich ein schönes Wort –

– hast du dich dann, »ja, da schau her!«, vor deinem Traumhaus –

– ja, »Traumhaus« –

– gefunden?

O ja! Immer wieder. Und, wie du sagst, quer durchs Land. Aber nicht mehr im Theater, nie mehr dort. Und schon gar nicht vor einer Freilichtbühne.

Erzähl!

Da gibt es nichts mehr zu erzählen. Oder jetzt, da du mir kommst mit deinem »Erzähl!«, vielleicht doch. Fast verläßlich, fast, bin ich auf meinem bald lebenslangen Zickzack, längst nicht mehr vom Theater bestimmt, inzwischen kreuz und quer, statt durchs Land hier, durch die Welt, unversehens vor so einer Hauskulisse, so einem Kulissenhaus gestanden. Doch war das immer am Rand einer Straße, am Rand von Eisenbahnschienen, und ebenso auch mitten in einer Wiese, häufiger noch einer Steppe, und gleichermaßen wie mitten in einem horizontweiten, wie unendlichen Kreisverkehr, hinter einem aufgelassenen Sportgelände, hinter, vor, neben einem altgriechischen Tempelbezirk, oder auch mittendrin. Kaum möglich, für alle diese »Was ist das denn?« eine Bezeichnung zu finden. Das waren weder »Häuser« noch, geschweige denn, »Bauwerke«. Und obwohl sie in der Regel klein waren und allein da standen oder wie abgerückt von den üblichen Gebäuden, gar wie entrückt, konnte vor ihnen auch nicht von »Häuschen«, wie in den Märchen, die Rede sein. Dazu wirkten sie zu handfest, dem Anschein nach wenigstens, solide gezimmert, gemauert, verplankt – und zugleich provisorisch. Am ehesten handelte es sich, so von außen gesehen, um »Schuppen«, oder »Bauhütten«, ob mittelalterliche oder jetzige, wenngleich etwas wie ein Werkzeuglager gewiß nicht den Hauptzweck darstellte: Was für mich zählte und mich auf meinem Zickzack jedesmal, auf der Stelle!, innehalten ließ: Es handelte sich da um Behausungen. Und mein Gefühl, nein, meine Gewißheit von »Behausung« kam davon, daß an einem jeden dieser so seltsam in der Landschaft stehenden Hüttenwerke sich mir ein Fenster zeigte. Ja, seltsam dazu, daß so ein einziges Fenster mir stärker ein Bild von »Behausung« gab als zwei oder gar mehrere, und weit stärker als jedwede Tür. Solche Behausungen hatten es in sich, haben es in sich. Da ist es. Da spielt es sich ab, jetzt und jetzt. Schluß mit dem Theater. Und doch hat das Kindertheaterhaus seinerzeit hinten auf der Stadttheaterbühne mich auf den Weg gebracht. Bleibende Dankbarkeit dir, liebes Scheinhaus, überhaupt lieber Schein! Noch vorgestern habe ich an solch ein Fenster geklopft. Keine Antwort: gewaltig! Ich habe freilich auch keine erwartet. Eine Antwort: das wäre ja noch schöner. Eine Antwort, die möchte ich mir verbitten, nicht doch: verbieten. Ich wollte bloß mein Klopfen an der Scheibe hören. Reine Musik.

Und wie klang die?

Musik ohne Klang. Fensterscheibe aus dickem Milchglas. Mein Klopfen verschluckt: wiederum gewaltig. In meiner Vorstellung schlug da ein Spatz mit stumpfem Schnabel gegen die Scheibe. Und durch das Milchglas auch nichts zu sehen: Gott sei gelobt.

Hast du denn nicht versucht, einzutreten?

Wo denkst du hin? Noch nie! Denn ich weiß: Wenn ich eintrete, ist da niemand. Aber gestern, als ich vor einer anderen solchen Unterkunft wartete – richtig gehört: wartete –, wurde da mit einem Mal, nach einem Rumoren im Innern, das in meinen Ohren mehr und mehr angeschwollen ist zu einem Volksgemurmel, was sage ich da, einem Volkslied, wenn nicht einer Volks*oper*, die Hüttentür aufgestoßen, und ein Mann, ein einzelner, ein einziger ist ins Freie gestürzt, stumm, wie ein Mensch nur stumm sein kann, und ohne einen Blick für mich weggerannt, mit buchstäblich gesträubten Haaren, die Augen weit aufgerissen und blutunterlaufen – das letzte verbliebene Blut im sonst ausgebluteten Körper da konzentriert –, allein, wie ein Mensch nur allein sein kann.

Wo ist das gewesen?

Keine Angst: Das war in einem anderen Land. Und außerdem hat das fragliche Haus, wie es im Sprichwort heißt, im Freien gestanden, wie nur solch ein Haus im Freien stehen kann.

War der Mann alt?

Jung war er, sehr jung, wenn auch das Gegenteil von »blutjung«.

Mir ist bei deiner Szene mein Großvater in den Sinn gekommen, aber nicht als ein Junger, nicht als der aus den Schützengräben des Ersten Weltkriegs, im italienischen Karst oberhalb des Isonzo und in Galizien, sondern als der Alte, für damals fast Uralte, in seinem letzten Sommer, bevor er dann, langwierig, im Sterben lag. Er ist da mitten in der Nacht aus dem Haus geflüchtet, dem einmal seinigen, selbsterbauten, wo seine Kinder ihm einzig eine Art Schlafkammer gelassen hatten, geflüchtet nackt bis auf die Schuhe an den Füßen, die Schuhbänder nicht zugebunden.

Weit ist er so wohl kaum gekommen?

Doch, sehr weit. Erstaunlich weit. Er war ein Leben lang bekannt als Weitkommensspezialist, und ebenso dafür, von Zeit zu Zeit das Weite zu suchen. Das war Teil seines Spiels. Aber eigentlich hatte ich ja im Sinn, weniger von ihm, meinem persönlichen Großvater, zu reden als, wie schon angedeutet, vom Großvatertum im Allgemeinen, und im Besonderen von der Variante des Großvatertums hierzulande.

Hierzulande soll heißen: »Österreich«?

Zum Beispiel. Schon lange hat es mir vorgeschwebt, mich mit jemandem zu unterhalten? – nein, das ist nicht das Wort –, mich auseinanderzusetzen? – nein, das ist's auch nicht –, mich mit jemandem zu streiten? – nein, das ist's auch nicht, Hilfe! – keine Hilfe, das Wort will nicht kommen –, über dieses Phänomen? dieses Problem? diese Sache? diesen Stoff?

Mit jemandem?

Mit jemandem wie dir. Nur: Kaum saßen wir zwei jetzt einander gegenüber, hat die Geschichte des österreichischen Großvatertums für mich das Interesse verloren. Und, Himmel, wieder meine chronische Wortklaubkrankheit (doch keine Sorge, für heute zumindest ist's damit, versprochen, vorbei): Nicht an »Interesse« hat diese Geschichte in deiner Gegenwart verloren, sondern an »Dringlichkeit«. Und jetzt endlich kommt mir auch, was ich vorher nicht und nicht habe sagen können: Weder mit dir mich zu unterhalten noch zu streiten über das Problem hat mir vorgeschwebt, vielmehr rein dir die Geschichte zu erzählen. Und eine letzte Korrektur: Wohl hat das Problem ein Interesse, nur gibt es keine Geschichte her. Und, Jammer, wie hat es dabei doch über die Jahre davon in mir gebrannt. Scheinbrand. Und ich in der Rolle des Aschenmanns. A Åschn! A Åschn!

Trotzdem: Laß hören, Freund. Was du vor dich hin stammelst, verspricht Politisches. Etwas, das einem, und nicht bloß einem, die Ohren spitzen macht. Zeit, daß dir das endlich zu Bewußtsein kommt, höchste Zeit. Schluß mit all deinen Idiotengeschichten. Große Geschichte: Historie! »Ja, da schau her!«

Da ist nichts zu schauen. Und Ohren spitzen: das ist es nicht. Es gilt nicht. Politisches, ein Versprechen? Für meine Art und meine Weise: Politisches, es droht. Und dabei bleibt's, und wird es bleiben! Aber zum Glück, mein Lieber, spielst du mir da was vor, und deswegen bist du mir teuer, und deswegen, vor allem, brauche ich dich. – Also die Ohren gespitzt: Für eine bestimmte Enkelgeneration in unseren Breiten ist, so schien's mir zumindest, die naturdiktierte Idealisierung der Großväter, und besonders bei denen, die ihre Großväter nicht, oder kaum, oder nur aus der Ferne gekannt haben – ist solch natürliches Idealisieren wirksam als ein historisches. Ja, richtig geraten: Gemeint sind die Großväter, welche zu der Zeit, da unser Land »Ostmark« geheißen hat, nicht bloß Bürger des Dritten Reiches waren, sondern darüber hinaus, und nicht bloß bis zu dessen Ende, begeisterte – nicht doch: »Begeisterung«, das ist, von Grund auf, was anderes – durch nichts zu beirrende Herolde und, meinetwegen auch unbeabsichtigt, Propagandisten. So kam mir das wenigstens vor, wenn ich damit nicht sogar umgegangen bin als einer Gewißheit. Ja: Und ich war mir zusätzlich gewiß, daß die Generation jener Enkel die Geschichte vom Idealismus, vom Heldentum und, vor allem, von der Unschuld jener Großväter an die eigenen Enkel vererbt hat und, dabei sich selber in Unschuld wiegend, auch heute noch weitergibt. Das Ende der hiesigen Geschichte: nicht abzusehen. Nichts zu machen dagegen. Heilende Verklärung: recht so, nichts Lichteres. Keine hellere Kunst. Solch Verklärung dagegen: heillos –

heillos – heillos. Aber lange hat es mich gedrängt, etwas zu unternehmen – nicht dagegen: einfach, zu unternehmen, ein Spiel zu spielen. Tragödie? Posse (mit oder ohne Gesang)? Nein, eine Tragödie, klassisch, in fünf Akten, ohne Katharsis, ohne Reinigung, ohne Ausweg, Schlucht der Tränen. Und dann ist die Zeit vergangen, und hast du's gesehen, war für solch ein Unternehmen weder Stoff noch Dringlichkeit, noch überhaupt eine Tatsächlichkeit – eine Wirklichkeit wie Wirksamkeit des Großvatersyndroms – mehr zu spüren. Ein Hirngespinst, meines, oder höchstens ein Aperçu, das ich dir hiermit ins Ohr geblasen habe. Oder doch ein mögliches, sogar nötiges Drama, ein Geschichtsdrama, ein Vorwurf für einen österreichischen Shakespeare, aus Krems an der Donau, Bruck an der Mur, oder Bruck an der Leitha, oder Laa an der Thaya.

Oder Laa an der Thaya. – Ja, wehe die Hirngespinste. Und doch: Sie leben! Vorschlag: Als

Beispiel, als mögliches Bruchstück am Ende des fünften Akts deiner ungeschriebenen Tragödie, bevor der Enkel den einst verehrten Großvater erschlägt, mit der »germanischen Altenkeule«, ein lauter Aufschrei des Großvatermörders: »... und wie ihr die Verführten spielt, verführt vom Großen Verführer! Und wie ihr dabei doch vor allem euch selber verführt habt. Und wie ihr, noch böser, ihr sogenannten Musensöhne, als die Verratenen auftretet, und wie ihr dabei doch zuallererst euch selber verraten habt, Verräter an eurem zuinnersten Selbst. Und das will heißen, an der Sprache dort, der tief unten/tief oben spielenden Kindheits- und Kindschaftssprache dort – alldort! Und wie ihr diese allein wahre, allein weltgeltende Sprache in euch erdrosselt, erstickt, geschändet, gemeuchelt habt mit der Fälschersprache eines falschen Reichs, einer Unsprache wie noch nie zuvor in der Menschheitsgeschichte – statt ›Sprache‹ Bestialität, totale. Und so habt ihr dazu euer ›Ja!‹ gebrüllt. Und so, sprachfeindliche

Schreihälse und Killer, habt ihr, Summe der Bestialität, als angeblich Begeisterte, vor allem als Musiknarren, weiterhin die Musensöhne-Farce auf- und insbesondere vorgeführt. Fahnenflüchtige vor dem Wahren und Schönen, dem Schönen wie Wahren. Und daß alle eure Enkel jetzt und hier weiter hereinfallen auf euer eine grundfalsche Güte ausstrahlendes Großvatertum, liegt das vielleicht an der Natur der Geschichte, Natur von Geschichte überhaupt? Oder einzig an der zur Unzeit pervertierten Historie in unseren Breiten? Kein Ende je abzusehen von der Großväterverklärungsgeschichte, oder auch bloß story? – Und was heißt da ›bloß‹? – Und –«

Nicht doch, kein »Und« mehr zu euch Dunkelmännern. Kein »Und« mehr zu euch und euresgleichen, nimmermehr, nevermore. Kein Wort mehr zu euch, kein einziges. Schluß jetzt und hier. Dein Fragment soll genügen. Keulenschlag, ein einziger. Kein Vorhang. Kein Dunkel. Im Gegenteil: verstärktes Licht, momentlang, und zugleich für immer, auf Schläger wie Erschlagenen: Lichtzwang. – Ja, vielleicht habe ich mir solch ein dramatisches Eingreifen nicht zugetraut, oder war bloß zu faul, das Gespinst durchzuleben. Und es ist dazugekommen …

Und es ist dazugekommen, daß die Dramen, und ebenso Worte wie »Drama«, »ein Drama« inzwischen – in jener Zwischenzeit – eher nur außerhalb deiner Bühnenszenen sich abspielten und in Umlauf waren. In deinen Theatern war die Dramenzeit, die Dramensprachzeit, wenn nicht überhaupt die Sprachzeit, die Zeit der Sprache, die Zeit der Sprache »Sprache!«, fürs erste jedenfalls, vorbei. War? Ist?

Blödsinn. Noch so eins deiner Hirngespinste. Und weg mit dem!

Wie auch immer, Herzensfreund. Die Wahrheit ist wohl, daß ich mich, und das seit je, für Tragödien nicht zuständig gefühlt habe. So oder so bin ich in der Folgezeit dann zurückgekommen auf meinen Großvater, den einzelnen, der anders war als die andern, und für mich, und, das wünsch' ich dir, auch für dich, ebenso ergiebig wie die andern, nur eben anders, weswegen ich mich für eine Geschichte wie die seine, und das seit je, zuständig fühle, und bleibe noch ein wenig bei ihm heute abend, und amen. Stimmt: Auch er hat vom Krieg erzählt, von dem seinen. Aber das sind allesamt Kindergeschichten gewesen, gerichtet an uns Enkel, und sie waren allesamt erstunken und erlogen. Wenn wir ihnen am Anfang auch ein jedes Mal glaubten – im Verlauf der Begebenheiten wurde klar: Um Glauben oder Nichtglauben ging's da am wenigsten. In einer der Geschichten verbrachte er die Nacht in einer Herberge weit hinter der Front – all sein im Großen Krieg Selbsterlebtes spielte jeweils »weit hinter der Front« – im tiefen Osten von Europa. Nachtlang verdächtige Geräusche, unter ihm, über ihm, der allein lag in seiner Kammer, zuletzt vor der Tür. Kurz: Schon im ersten Morgenlicht sprang diese auf, und, nein, kein feindlicher Soldat, ein Räuber, »Raubar«, sprang mit gezücktem Säbel, einem überlangen, »länger als eine Heugabel, länger als der Apfelbaumast da«, auf ihn los, um ihn nicht bloß zu berauben, sondern totzustechen. Allerdings war unser Großvater wie üblich schon in Bereitschaft gewesen (»bereit sein ist alles«, hieß das im nächsten Krieg) und sprang angekleidet samt seinem Bündel Habseligkeiten aus dem im voraus geöffneten Fenster, und, wie vorbedacht, in den Baumwipfel davor, von dem er sich dann augenblicks herunterhangelte: gerettet. »Freilich hat mich die Säbelspitze im letzten Moment, mitten im Sprung, doch noch von hinten erwischt, wenn auch nur angeritzt, und seitdem« – und das war dann bereits die ganze Geschichte – »habe ich das Loch in meinem Hintern!«

Sehr ergiebig.

Wart ab. Die folgenden großväterlichen Begebenheiten sind »in echt« geschehen, und ich habe sie selber erlebt, als Augen- oder Ohrenzeuge, als Kind, als Jugendlicher, als Erwachsener, als Selber-Vater. Und eine einzige, die einzige nicht erfundene aus seiner Kriegszeit habe ich aus ihm herausgefragt, und die kam zutage erst nach langwierigem Umkreisen meinerseits wie Ausweichen seinerseits, und endlich wahrscheinlich durch das Fragen im richtigen Moment. »Nein, ich habe diese vier verfluchten Jahre nicht ein einziges Mal gezielt auf jemanden geschossen. Immer in die Luft, und die Luft und der Himmel, die können dir das bezeugen, *rit na pit'*. Nur einmal, in den Schützengräben beim See von Doberdob, ist dann drüben im Karst auf einmal einer, von den andern?, jedenfalls kein unsriger, aufgesprungen, so hoch, wie kein Mensch von selber hochspringen kann, und hat einen

Schrei ausgestoßen, wie ich nicht vorher und nicht nachher einen gehört habe, weder von einem Menschen noch von einem Vieh, wo von den Schweineschlachttagen bei uns auf dem Land für jede Art Schreien mir von klein auf natürliche Gehörklappen gewachsen sind. *Prekleta kurba, Kanalije, Zuede. Kyrie, eleïson! Kriste, eleïson! Kristus, usmili se nas! Kanalije, Zuede, Taifl!«* – Als Kind habe ich den Großvater immer wieder Tiere prügeln sehen, die Haustiere, die Kühe, die Ochsen, die Hofhunde, das Pferd – sogar das. Nie eine Peitsche, einzig Stöcke, aber was für welche, Haseln, Weißdorn, Eiche – eben Prügel, aus heiterem Himmel, unserm Kinderanschein nach für nichts und wieder nichts. Nach seiner Frau, der sanftesten aller Frauen, prügelte er da jedesmal ein auf die, nein, auf den einen Schuldigen am Heldentod der Hofsöhne im Folgekrieg, das – dabei lang schon krepierte – Mordmonster-ohne-Namen: »Dich ... in der Luft zerreißen! Daß di der Teufel hol'!« (Wobei er, wieder ruhig geworden, am Abend den letzteren Fluch zu einem seiner Wortspiele verballhornte: »Daß – di – der« …: Satz, in welchem, dem Wortlaut und Klang nach wenigstens, sämtliche drei bestimmte Artikel hintereinander stehen! – Und einmal dann als Kind habe ich den Großvater beim Grasmähen im Obstgarten seines in der Krim-Erde begrabenen Erstgeborenen eine Schlange quälen, taglang eine Schlange foltern sehen –

Falsch: Er hat sie weder gefoltert noch sonstwie gequält. Oder nur, nachdem sie ihm in die Sense geraten ist. Da hat er das Tier genommen und es zwischen die Zähne eines in den Boden gerammten Rechens gespießt. Bis nach Sonnenuntergang hat die Schlange dort oben hoch überm Grasland noch gelebt.

Habe ich dir das schon erzählt?

Zweimal, wenn nicht dreimal.

Ja, so ist es wohl, mit dem Erzählen im Älterwerden. Und das soll mir so auch recht sein.

Mir detto. Kein Drama draus machen. Nur hast du fürs erste genug Text gehabt. Laß mich jetzt dran. Laß mich den Schlangentext spielen.

Da ist nichts zu spielen.

Wer weiß? Du Kind hast jedenfalls bis zum Sonnenuntergang nur Augen für die Schlange, aufgespießt dort hoch im Himmel, gehabt. Wie hat die sich gewunden, gedreht, gestreckt, gekrümmt, spiralt, gekreiselt, gezüngelt, zu Mittag, den langen langen Nachmittag lang, bis in den Abend hinein, der, das geschah ja im Hochsommer, nicht wahr, auf sich warten hat lassen, wo dann die Schlange still beidseits von der Rechengabel hing, zu deinem Leidwesen, du hättest dem Sterben des großväterlichen Opfertiers in Ewigkeit zuschauen können. Ergiebig, die Geschichte? Für dich vielleicht ja. Aber für wen sonst?

Für den, den's angeht.

Seltsam, daß ich, sooft du mir vom Großvater und der Schlange erzählt hast, jedesmal eine bestimmte Feldscheune vor mir hatte, an der ich, an einem Sommerabend, Jahrzehnte ist das jetzt her, einmal vorbeigekommen bin.

Auf einer deiner Wanderungen in einem anderen Land?

Nein, in einem Nachbarort. Ja, wieder seltsam, daß, was mir an Begebnissen oder Szenerien nachgeht, oft in den Nachbarorten begegnet ist, unweit der eigenen Ortsgrenzen. Die Scheune stand am Rand von ausgedehnten Getreidefeldern, ein Holzbau, versteht sich, für eine Hütte recht groß, auch für Erntegeräte und auch ein, zwei Maschinen –

– und in eine Holzwand war ein Fenster gesägt, ein kleines, eher eine bloße Luke?

– ja, ich glaube, in Kleeblattform. Oder nein: Es war eine Luke in Gestalt der vier Spielkartenfarben: Herz, Karo, Pik, Eichel. Feierabendstille weit und breit. Und diese Scheune, sie hatte einen Giebel – nichts Feierabendlicheres als so ein Giebel! Aber dann, im Vorbeigehen an der Scheune, ließen sich plötzlich, *suddenly*, aus dem Bretterinnern Stimmen hören, die eines Mannes und die einer Frau.

Heubodengeflüster?

Unsinn: Die Stimmen, wie ließen die sich hören! Und unmöglich, zu unterscheiden, nicht jetzt und nicht damals, wer von den beiden die Stimme zuerst hören hat lassen. Mir war, mir ist, jeder der zwei habe dort im Innern als erster zu reden angefangen. Gewiß ein Liebespaar. Aber ein Liebespaar, wie es noch keins je gegeben hatte, mit Stimmen, weder flüsternden noch tönenden, noch gar lust- oder sonstwas schreienden, wie noch nirgends welche zu hören gewesen waren, weder in einer Oper noch in einem Film, geschweige denn im Theater. Diese Stimmen, jetzt Frau, jetzt Mann, jetzt Mann, jetzt Frau, klangen vollkommen ruhig. Ruhigere Stimmen, klarere, »zweisamere«, nicht möglich, und zugleich hatten sie einen Klang – erklangen durch die Feldscheunenbretterwand heraus zu mir. Ich bin stehengeblieben, um zu verstehen, was das unsichtbare Paar da denn einander zu sagen – einander zukommen zu lassen hätte. Das Wechselspiel von weiblicher und männlicher Stimme: ein Klang, klingender nicht möglich. Das ist es jetzt, wird es gewesen sein: die himmlische, gleich irdische, Liebe, wenn auch vielleicht nur für den einen Sommerabend lang. Ich verstand von dem Zwiegespräch im Hütteninnern aber kein einziges Wort. Das Paar redete in einer Fremdsprache, einer unerhört schönen – und doch war es eine, wie keine Sprache sonst, vertraute. Und noch immer drängt es mich, den Feldhütten-Dialog zu übersetzen, für ein kleines Welt-, Unsinn, Erdentheater, ein allerleibhaftiges. Ich bestehe auf dem Paar in der Feldscheune. In meiner Phantasie liegen die beiden immer noch dort, auf einem Bett aus Weizenhalmspreu, und reden, jetzt der Mann mit der Stimme der Frau, jetzt die Frau mit der Stimme des Mannes.

Nah beim Großvateranwesen ist damals ein hohler Baum gestanden, mit einem Hornissennest im Innern. Den Sommer über hat es ums Haus herum und quer durch den Garten nur so gedröhnt von Hornissen, und am Abend, bei Lampenlicht, sind die in einem fort gegen die Hausfensterscheiben gebumsknallt. Und bei wieder einem Sonnenuntergang, als das Hornissenvolk in der Baumhöhle erst einmal zur Ruhe gefunden hatte, hat der Großvater das Nest, Zement, Sand, Wasser vorbereitet, kurzerhand zugemörtelt. Viele Jahre später habe ich aus einer Felsspalte in einer steinigen Gegend ein Bienenvolk schallen hören. Das war vergleichbar mit dem Gedröhn und Getöse der in den hohlen Baum eingemauerten Hornissen. Und es war was Grundanderes. Es kam aus der Tiefe und erfüllte den Luftraum. Es beflügelte den, machte ihn vibrieren, ließ ihn ertönen, als sei die Felsritze die Saite – »Saite mit a-i« – eines monumentalen 1-Saiten-Instruments. In meiner Vorstellung hörte ich die Bienen, was den Tatsachen nicht entsprach, wie in einer Gegend nah der Baumgrenze, fern jeglicher Zivilisation – kein Geräusch oder Laut sonst zu vernehmen als das Weltraumbeschallen des Bienenvolks. Dagegen, vor allem dann mit dem Morgen des folgenden Tages, das Getobe des lebendig begrabenen, »todsicher«, Hornissenschwarms: Erst einmal, und fürs erste, kam das, auch aus der Nähe, mir durch die Mörtelschicht zu Ohren als ein entrücktes Geraune, wenn nicht Rumoren, überschallt von dem vielerlei Morgenlärm und -krach im Umkreis, der Lastwagen, Busse, Traktoren, auch Flugzeuge. Selbst die fernsten der Vögel habe ich anfangs klarer gehört, so wie auch um mich herum die winzigsten Fliegen. Damals, in dieser ersten Stunde, habe ich die Hornissenmyriaden dort tief im Baumbauch noch wahrgenommen wie an der Gehörgrenze –

– Eine Stunde bist du vor dem Hornissengrabbaum gestanden?

– So war es. So ist es. Und in der Folge habe ich mich taglang hinbegeben, mich auch angeschlichen, denn für Momente dann, vor allem gegen Abend, rechnete ich damit, der Gefangenenschwarm würde mit einem Schlag ausbrechen und unsre gesamte Sippe vernichten, den Großvater als ersten, oder eigens letzten? Für keine Geräusche sonst als die zuinnerst im Baum war ich mehr empfänglich –

– Empfänglich?

– Empfänglich! Und in den folgenden Tagen, zu schweigen von den Sommernächten, jetzt bei gefahrlos offenem Fenster, habe ich mir im Hausinnern, ob am Tisch oder im Bett, diese Membrane zu Gemüte geführt –

– Zu Gemüte geführt?

– Zu Gemüte geführt. Bis das Getöse und das Dröhnen, nach einer Woche oder so, nur noch in meiner Einbildung war. Dort freilich röhrt es weiter.

Ah, wie dein Röhren des Mississippi, the roaring of the Mississippi.

Im geraden Gegensatz zu dem Röhren des Mississippi.

Ein andermal, in einem anderen Nachbarort, bin ich an einem Friedhof vorbeigekommen. Und wieder seltsam: Das war kaum vor ein paar Tagen, und mir scheint es, es ist genauso lang her wie damals die Sache mit der Feldscheune. »Damals vor ein paar Tagen ...« Eigentlich scheue ich mich inzwischen, Friedhöfe zu betreten, insbesondere, wie soll ich sagen, fremde. Aber dort stand inmitten der Gräber ein Haus –

– ich wußte, das würde kommen –

– nein, keine Kulisse, kein Schuppen: ein richtiges, gar nicht so kleines Wohnhaus, mit einem Garten dahinter, und einer Fernsehantenne, zwei, auf dem gelbroten Ziegeldach – fehlten nur die Satellitenschüsseln. Und wieder ein Giebel, ein Friedhofshaus mit Giebel!

Und du nichts wie hin?

Ja: ich nichts wie hin, wieder einmal. Blumentöpfe vor den Fenstern, Fenster in der Mehrzahl!, und, richtig, Sommerblumen, in Blüte, Geranien – die Kannen rund ums Haus waren da nicht nur zum Gräbergießen. Vorhänge hinter jedem Fenster, durchsichtige, feenhafte. Neben den Haustürstufen, fünf, schön ungerade Zahl, ein Motorrad, geparkt spürbar erst vor kurzem, Knacken im Getriebe. Niemand zu sehen in den zwei Etagen, und gleichwohl ohne Eindruck von Abwesenheit, jedenfalls keiner von Dauer. Augenblick um Augenblick Anwesenheit, Fülle der Anwesenheit. Ah, vergessen: Der Kinderwagen unten am Sockel, angerostet, aber immerhin. Und oben, links und rechts von der wie unverschlossenen Tür, je eine Donald-und-Mickey-Figur, ramponiert und windschief, aber nicht ausgedient. Gleich geht's los! habe ich gedacht –

– wieder einmal –

– ja, wieder einmal. Gleich wird es sich zeigen. Eine Überraschung nach der anderen, und eine überraschender als die vorige. Und dann, und dann – nein, keine Tür ist aufgegangen, kein Fenster ist aufgesprungen, sondern tief im Innern des Hauses hat ein Bildschirm, ein kinowandgroßer, aufgeleuchtet, und schon hat ein Film da gespielt, nicht der Anfang – eine Szene, groß zu sehen ein Mann und eine Frau, wie schon gegen Ende einer langen Geschichte, in dem Cinemascope vor mehr als einem halben Jahrhundert –

– doch nicht Elizabeth Taylor in den Armen von Montgomery Clift?

– John Wayne und Maureen O'Hara. Und beide, das liebende Paar, im Abstand. Und hinter ihnen, um sie herum, der Rio Grande.

Ich kenne, aus unserer Gegend, ein anderes Friedhofswohnhaus.

Ohne Giebel?

Ohne.

Der Friedhofswärter hat dort mit seiner Frau gelebt und die in einer Sommernacht aus Eifersucht totgeschlagen. Das ist auch schon wieder lang her. Das Haus steht noch, samt umgestürzter Fernsehantenne. Aber niemand wohnt mehr im Mörderhaus. Alle Rolläden sind heruntergelassen seitdem. Mein Großvater ist dort begraben, mit seiner Gesponsin, die gestorben ist mehr als drei Jahrzehnte vor ihm, eine Frau, die eine Art hatte, wie nur eine Frau, und besonders eine Frau auf dem Land, eine Art haben kann. Seine letzten Jahre: für ihn, den geborenen Spieler, jeden Tag ein Spiel weniger, jeden Tag wieder ein von einem seiner guten Spielgeister Verlassenwerden. Nicht doch, Partner: Es erwartet dich jetzt keine der gängigen, film- und fernsehbeliebten Kopfverlustgeschichten. Der Spielgeist des Alten, dann

Uralten, ist, wenn damit auch von Anfang kein Staat zu machen war, frisch, frech und gesund geblieben bis in seine letzten Stunden. Es war nur so, daß ihm gleichsam tagtäglich mehr seiner Mitspieler ausgefallen sind. »Morgen ist ein neuer Tag«, ja – aber nicht im Guten. In der sonntäglichen Kartenspielerrunde: er längst der einzige Überlebende. Die inzwischen seltenen Male, da ich Enkel ihn in seiner Kammer besuchte, zog er, mir zuzwinkernd nach dem pflichtgemäßen – »Pflicht« eher ihm – Palaver, die Karten unter dem Polster des feldbettschmalen Betts hervor und war auch schon am Mischen. Ich spielte mit, oder tat eher so: das Herz, wie es heißt, war nicht dabei, was er bald merkte, worauf er die Karten wieder wegsteckte. »Wer, bitte, spielt mit mir?« – Keine Antwort. Oder so: das Alleinspielen kam nicht mehr in Frage. – Eine Zeitlang, viele Jahre nach dem Tod seiner Gemahlin, hatte er, der in der Gegend noch nie dafür bekannt gewesen war, so etwas wie ein Frauenheld zu sein, auf seine alten Tage auch bei oder gar mit »Damen«, so wurde jedenfalls erzählt, welche allein lebten wie er, das Liebhaberspiel gespielt (und zugleich bei der und jener die nötigen Hausreparaturen und Gartenarbeiten verrichtet). Noch vor kurzem ist die Enkelin, auch schon bejahrt, auf mich zugekommen mit dem Ausruf: »Dein Großvater war der Liebhaber meiner Großmutter!«, und wie hat sie dabei gestrahlt! Alle die Jahre zuvor hieß er dorfweit nur »der Vater«, ohne das »Groß«, und jetzt nur noch »der Liebhaber«. »Liebhaber«? Mag sein. Für mich: »Gespiele.« In meiner Vorstellung macht der alte Mensch im Garten einer seiner »Vertrauenspersonen« einen Handstand, geht so auf den Händen vielleicht gar im Kreis, oder steht einfach da auf einem Bein langlange, den Hut schief auf dem Kopf, keck wie nur er, übermütig wie nur, ah, so selten, oder so selten geworden?, Alte wie er. Nur waren auch diese Spiele – siehe Abtreten der Mitspielerinnen – dann ausgespielt. Und so allein wie er in seiner

Kammer war dann niemand: ein plötzlich Uralter, mutterseelenallein, wie nur ein Kind allein sein kann. »Der Sohn bleibt im Haus bis in die Äonen«, wie es in der Offenbarung des (zur Zeit der Niederschrift damals auch schon alten) Jüngers Johannes steht? Aber was hieß bei ihm »Haus«, was »Äonen«? Im Haus das Überbleibsel, der, obwohl irgendwie Vorhandene, aus den Augen der andern Geratene, der Vergessene, so wie im Restaurant vergessen wird auf die Alleingäste, samt ihren Bestellungen. Unsere Gegend, bekannt für die vielen Verschollenen. Und er: *da,* und verschollen, bei lebendigem Leibe. Ein Verschollener, um den sich zugleich kein Mensch scherte. Die übliche Altenstory? Ja, vielleicht. Nein. Nein! Hausflüchtig. Weit gekommen nur das eine Mal. Solange er noch ein paar Schritte tun hat können: sein Herumstehen da und dort in der Leere als ein Parkwächter ohne Park, Sportwart ohne Ball, Verkehrsregler ohne Verkehr. Wächter sinnloser Wacht. Aber Wacht! Und was für eine.

Und eine andere als damals im Großen Krieg. Und hör. Höre! Trotz allem weiter das Spiel im Gang, die Spielfreude aus den dabei tief ins Schädelinnere abgesunkenen, wie ins Hintertreffen geratenen Augen blitzend. »Spielt mit mir! Spiel mit mir!« Auf die Kammer beschränkt, auf das Sitzen am Bettrand: Das Spiel, das seine, spulte weiter, solange er noch, worauf er besonders versessen war, sein tägliches Brot, samt dem Speck, schnitt und seinen täglichen Apfel schälte, damals im letzten Sommer einen der schon im Juli reifen Frühäpfel, der Frucht sozusagen im Wappen der Familie. Und in den letzten Tagen noch das Fliegenspiel, wenn auch allein als Zuschauer, wie aber mitgehender!: mit dem Hin und Her, Kreuz und Quer, Starten und Landen einer bestimmten, einer besonderen, kleinwinzigen, ihn zart kitzelnden Fliege auf seinem Handrücken. Dann auch von der Fliegenfreundin verlassen: Die wollte nichts mehr von ihm wissen – so vertrocknend, so ausgetrocknet saß er, lag er da, in einem Handteller die ausgespuckten Brocken der Äpfel, die er nicht mehr schälen hatte können. Und wie er da lag, auf dem Rükken: was für ein Unterschied zu seinem Aufdem-Bauch-Liegen, zusammen mit noch und noch anderen Männern der Gegend, auf dem Boden der Kirche zur österlichen Auferstehungsfeier, wie seine Mitspieler des Auferstehensspiels angetan mit einem Umhang so rot, daß um ihn herum alle die anderen Farben ausblichen. Die Schuhe, jetzt wieder in meiner Einbildung mit Ackerresten an den Sohlen unterm Umhang vorragend. Was für ein Unterschied? Unterschied? Immer habe ich ein Bedürfnis gespürt, dem Großvater, der für eine Zeit meines Lebens auch mein Wohltäter war, etwas zu schenken. Und nie ist mir ein Geschenk für ihn eingefallen. »Geschenkidee« für ihn: nichts da. Daß ich ihm einmal ein dickes, leeres Buch, einen, wie sagt man, »Blindband«, daherbrachte, auf daß er dahinein ein paar Dinge seines Lebens aufschriebe, war etwas anderes. Und hat er was aufgeschrieben? Kein einziges Wort. Als er in seiner Kammer dann im Sterben lag, soll er, wurde mir erzählt, in seinen letzten Tagen, zur Sterbezimmerwand gedreht, mit der Hand dort ohne Unterlaß etwas wie Schreibbewegungen gemacht haben, zuerst, bei hochgestrecktem Arm, an der Wand oben, und in der Folge, und so weiter in einem fort, Tag für Tag eine Zeile tiefer, immer lauter auch das Kratzen der Nägel, als ob die im Sterben Tag um Tag schneller wüchsen. Was mag er wohl da geschrieben haben?

Weiß nicht. Frag die Entzifferer, die berufsmäßigen. Am letzten Tag seines Lebens soll sein Auf- und Niederfahren mit der Hand jedenfalls unversehens einen Schwung bekommen haben, wie das Anstoßen einer Schaukel, immer stärker, immer wilder, immer rhythmischer, samt dem Kratzen der auf dem Sterbebett lang-, dabei mineralhart gewordenen Fingernägel. – – – Wie war *dein* Tag heute, Freund?

Was hast *du* erlebt? Was ist dir untergekommen? Was zugestoßen? Erzähl.

Lange, gar lange war da nichts zu erzählen. Quer durch die Stadt ein einziges Schrillen und Gellen. Oder andrerseits, womöglich noch ohrenbetäubender, ein nicht enden wollendes Gezischel und Getuschel. Die Straßen und Plätze, ohne Festtag und ohne daß es was zu feiern gab, voll von Jungen und Jungspielern. Und sie alle, wie es bei Homer von der Jugend heißt, stellten dar »die in der Zeit«, *hoi en hōra*, und keiner in all den Gruppen, keiner von all den Vergruppten, der Augen hatte für die andern. Und die gar seltenen, die sporadischen Alten boten sämtlich das Bild von Vergreisten. Sie geisterten durch die Massen, als »die aus der Zeit«. Und doch warf da und dort der und jener dieser Alleingänger ein Auge auf die andern – und was für ein Auge! Barfüßer, schleichend auf unsichtbaren Dornen. Château Solitude? Hundehütte Einsamkeit! Fürs erste machte mich das ratlos, wobei es mir schon geholfen hätte, wäre mir wenigstens jemand eingefallen, ihn um Rat anzugehen. Aber niemand kam mir in den Sinn, ninguno, nobody, nemo, *Utis*. Einmal glaubte ich mich aus der Menge gerufen. Endlich! Aber der Ruf galt nur einem hinkenden Hund, dessen Bauch den Asphalt schabte. Und keiner, der unterwegs schien, der wirklich ging, sich wirklichging, kein wahrhaft Gehender, keiner, der echt einen Gehenden darstellte. Je unwirklicher, je unechter die Räume, desto marktschreierischer die Werbeflächen: DAS WIRKLICHE … DER WAHRE … DIE ECHTE! So wurde ich Schritt für Schritt hilfloser. Hilflos, hilfloser, sprachlos. Dabei stand doch in meinem Horoskop: »Sie sind heute unwiderstehlich.«

Ab einem gewissen Alter gelten die Horoskope nicht mehr.

Mein Kindertheaterhaus, aus dem in meinem Tagtraum die Sprache, in der Fremde fast verloren, frisch ertönen würde: ein Kartenhaus. Dabei sind mir in der ganzen Stadt noch nie so viele Kinder begegnet, so viele Kleinkinder insbesondere, Neugeborene. Und noch nie sind mir all diese Kinder so winzig vorgekommen, und zugleich, auch die Säuglinge, was für große Augen, so wissend, so verheißend. Bloß verhießen sie nichts Gutes, anders als die Kinder bei Victor Hugo. Es war, als sei ihnen ein Schrecken, der Schrecken »Schrecken«, schon im Mutterleib in die Glieder gefahren. Und dabei doch wie eh und je: die kaum erst Geborenen als die unentwegten Augensucher. Für eine lange, gar lange Strecke – buchstäblich eine Blutdurststrecke – wurde ich dann, wieder buchstäblich, zum Feind des Menschengeschlechts, und gleichermaßen mein eigener Feind. »Mensch!«, das wurde ein Schimpfwort, kein wüsteres möglich. »Mensch, gottverdammter!« »Verteufelter Mensch du!« Das

Schlimmste daran – das, was den Blutdurst noch verstärkt hat – waren die Lieder, welche mir simultan durchs Gemüt geleiert sind, eine einzige nicht zu stoppende, nicht zum Schweigen zu bringende Leier –

– »La Paloma« –

– wenn's bloß das gewesen wäre. Oder »Roll over Beethoven«. Oder »Hoochie Coochie Man«. Nein: Mein Gewaltrausch ist begleitet worden von »Freude, schöner Götterfunken, Tochter aus Elysium«, »Stille Nacht, Heilige Nacht«, »Amsel, Drossel, Fink und Star, alle Vögel sind schon da, alle Vögel alle!« Das Singen verbieten, nicht bloß mir, überhaupt. Nur noch sprechen! Sprache, Sprache!

Ist das dein Ernst?

Nein. Plötzlich – ach was: nicht plötzlich –, unversehens bin ich, wie es mir bis heute noch jeden Tag zugestoßen ist, wieder ins Spiel gekommen, und bis jetzt weiß ich nicht warum. O Engel des Tages. Der Anstoß kam jedenfalls nicht von außen. Für den Bettler, der einen anderen Bettler anbettelte, habe ich erst nachher, in der Folge, Augen gehabt. Ah, Weißdornblüten auf den wunden Augäpfeln. Und auch die eine Bauhütte, eine wie *en miniature*, wie die Spielbauten auf den Bühnen, hoch oben im Gerüst eines Wolkenkratzers, hat sich mir erst danach offenbart –

Offenbart?

Offenbart. Anders gesagt: Das Leben ist erschienen. Wie es einzig auf dem Theater erscheinen konnte. Das lebendige Wort. Die Faserholztür der Bauhütte ist aufgesprungen und hat den Blick freigegeben auf eine Palast-Freitreppe, die bis nahe dem Zenit führte. Unversehens sind wir da, bis hinein und hinauf in die hintersten und Juchhe-Stehplätze eines Sinnes geworden. Und wann vor allem? Als das Wort Wort geworden ist, die Sprache Sprache, und mit ihr, ja, mit ihr, die Stille Stille. Heiliger Schreck dieser Stille, und das in einem Theater! Mit allem Drum und Dran ist es erschienen, das Leben – uns – uns allen. »Da seid ihr mir! Da sind wir uns! Und, jetzt, jetzt gerade, seid ihr mir die Richtigen.« Was für ein gutes Publikum wir da waren, gut in allen Belangen. Was für eine Zuschauerschaft. Was für – Öffentlichkeit. Wie hat das Theater seinerzeit doch – nicht geschockt, vielmehr rechtschaffen weh getan. Theater, Zeit der Kindschaftsgefühle, des Furcht-und-Zitterns. Ja, die Engel, Brüder, und das einfache Land. Gli angeli, frati, e il paese sincero.

Das war einmal. Und auch da nur zu den heiligen Zeiten. Und inzwischen – oder so: in unserer Zwischenzeit – kann von irgendwelchen heiligen Zeiten im Theater nicht mehr die Rede sein. Dazu einmal ein englischer Ausdruck: Dort heißt es, zum Beispiel, von einem Läufer, der aus der Bahn gerät, oder von einem Schützen, der den Pfeil entweder zu früh oder zu spät von der Bogensehne schnellen läßt: »He lost his momentum«, er hat seinen Moment verloren. Und so, kommt mir manchmal vor, hat auch das Theater seinen Moment verloren, vorderhand, oder für immer? Und das Seltsame daran, das ganz und gar nicht schön und gut Seltsame: Auch die Schwesternkunst Film, auch die hat, vorderhand, ihren Moment verloren. Zwar triumphieren manche auch aller Ehren werten Filme dank Momenten von Aktualität, Großaufnahmen, Universalmusik. Doch das sind nicht die Momente, die ich meine, und schon gar nicht die »Kult«-Momente. Auch alle die heutigen Filme, ja, sämtliche, haben, wie die Bühnenspiele, die Dauer verloren, und zwar, behaupte ich wenigstens, wegen und aufgrund des Momentverlusts der Schwesternkunst Theater. Filme wie Theater: schneller aus dem Sinn als eine Schneeflocke auf einem frischgebackenen heißen Brotwekken – was sage ich: So eine Schneeflocke, die vergeht eben nicht, kommt nie und nimmer aus dem Sinn. Fluß ohne Wiederkehr! Atahualpa Yupanqui. – – Und wie ist dein Tag dann weitergegangen? Was hat er dir weiter offenbart?

In dem Schrillen und Gellen die brüchigen Stimmen, noch und noch, von Alten wie auch, und nicht wenigen, Jungen, von Jungen wie Alten. Ah, Musik der brüchigen Stimmen. Hör auf die brüchigen Stimmen, sie gliedern die Zukunft. Die brüchigen Stimmen, wie sie immer wieder ins Schmettern gerieten. Und dazu das Zwischenstreckenseufzen, und alle die Leitenden aufrecht leitend. Und zu den großen Augen der Neugeborenen das Äugeln der Alten, speziell der Uralten, zusammen mit dem Äugeln des Himmelblaus hinter dem Sommerlaub. Nichts geht über die Frechheit manch Uralter! Übermut, ansteckender, der Hundertjährigen. Keine Geisternden mehr – Begeisterte! Und wie sie so ins Spiel kommen möchten. »Laßt uns mitspielen, bitte! Daß die Seifenblasen sich mit den sommerlichen Baumsporenkugeln vermischen!« – Gewaltige Geschichte, eine Wucht, und was für welche, nichtsdestotrotz, ja *-trotz*. Hoch der menschliche Trotz.

Soll das am Ende doch wieder ein Dramatisches Gedicht werden?

I wo. Aber so eins hat dann da und dort mitgeschwungen. Gedicht oder nicht: Mit der Zeit, zu guter Letzt, hatte ich doch was zu erzählen. Der eine, junge, der aus einer Regenlache trank. Die eine, gleich junge, tätowiert mit einer Hornisse auf der Schulter, oder sollte das eine Riesenbiene darstellen?: *Sweet hitchhiker*. Die auf den ersten Blick so herrisch um sich blickende Schöne, die, von einem Ortsfremden nach dem Weg gefragt, in einer Herzlichkeit erstrahlte, daß auch ich, der Dritte, Lust bekam, den von ihr aufgefächerten Weg zu gehen. Der Riese, der mich anstarrte, als werde er mich im nächsten Moment totschlagen, oder aber um Hilfe, nein, Gnade anflehen. Die Runde von Alten, die in die Hände klatschten, was sich anhörte wie das Klatschen von Kinderhänden. In den Straßenbahnschienen, wo ich immer erwartet hatte, einen Schatz zu finden, hat es geblinkt vom Klondykegoldsand. Ja, manche Schätze blinken erst aus der Entfernung in Ort als auch in der Zeit. Und all die neuerdings freihändig Fahrenden, Junge wie Alte: Das muß doch eine besondere Zeit sein!

– ? –

Eine mit Perspektive! Und unter all den sattsam bekannten Bettlern der unbekannte, von dem ich im Vorbeigehen aufschnappte: »Tegucigalpa ist umbenannt in Nr. 7!« Und wieder eine Schöne, die das Haar zurückwarf, was genügte, daß ich wußte: »Da ist es. Das ist es.«

Was?

Die Fortsetzung. Die Folge. Und am Vorabend noch die Frau, nicht zu erkennen, ob jung oder alt, die auf der Bank jenseits des Flusses mit einem Bein wippte, wozu es in mir sang: »Wippe, wipp' für mich!« Und zuletzt noch die Entdeckung der in ihren Kinderwagen mit ihren Zehen spielenden Winzlinge als Sprache: »Zehensprache«! Und im übrigen wurde das heute ein Tag, an dem ich, in einer weiteren Zwischenzeit, nichts wünschte, als ein guter Kunde zu sein, guter Käufer vor gutem Anbieter. Mich neu einkleiden vor allem. Her mit dem schönsten der Anzüge! Und wieder im übrigen: Jeder, der mir in die Quere kam, war mir mit der Zeit recht.

Komme eine Zeit, da das Wünschen wieder helfen wird?

Ja, komme sie!

Daß wir zwei doch keine Ruhe geben!

Wir haben kein Recht auf Ruhe. Unsereiner hat auf Ruhe kein Recht.

Na, zeitweise – sporadisch! – vielleicht doch. Unser Ruhestand, unsere Feldhütte, unsere Klitsche, *klísia*: auf den Sporaden, im ostgriechischen Meer, im altgriechischen, im alt-wie-junggriechischen, im ewig jungen.

Juni – August 2021
November 2021
Januar 2022